Dust in the Wind

尘埃集

雨後 著

作者简介：

　　雨後，生于北京，定居香港，著有《星河有约》《寒草集》《长河落日》等诗集，其中《星河有约》《寒草集》纳入中国诗歌万里行"新诗百年千家诗集"收藏项目。

序

　　文学的本源来自诗歌和散文。因为历史的种种缘故，沧海桑田，诗歌已从主导的地位退守到边缘。然而，对于一个注重精神生活的人来说，诗歌的微芒永远可以照彻他的生活。在雨後的诗歌里，你能感受到文学的高贵与美好，诗歌表达是他在生命的感悟中流淌的精血。

　　雨後的诗歌不枝不蔓，在展开的众多意象里，时常碰撞出深夜的火光。读者往往还在峡谷中信步前行，诗人的情思已飞越崇山，在大海旁旋即收笔，回归不可言说的灵魂深处，以不落窠臼的结束语，为读者提供了更多、更新的感受空间。

　　想起我们在交谈中，诗人常说的一句话："诗歌不是创作，而是寻找。"还说："诗就在喑哑处睁着双睛，张开手臂等着你虔诚地到来。而在寻找时，你必须抛弃那些所谓的个人知识与经验，需要的则是高度的凝神冥想，以一个探索者的好奇心不断地跋涉，方有可能触摸到诗歌的边缘。"

我理解诗人的意思是，真正的、好的诗歌就是天意，凡人只能通过感官经验偶尔与诗歌达成某种心灵的默契，在艺术之神缪斯的眼中，作者和读者必在同一个殿堂里共享诗歌艺术所带来的所有欢愉。从这个意义上说，诗歌创作的前提，必然要别除既定的观念，防止僵硬的说教。

史铁生说，"诗歌不是总结"。意思是不要用事先准备好观念的紧箍咒去套牢读者。现代很多的诗歌，甚至有些名家作品，读毕，常有一种被训斥的感觉，很不自在。仿佛世界上只有一条路，必须跟着作者一直走下去，直到这条路挤满了双臂挥动标语的人群。

保罗策兰曾说："诗歌从不强行给予，而是去揭示。"

这句话也很明确：就是不要将自己的价值判断，感情立场借用诗歌的各种技巧告知读者，如是，便丧失了诗歌表达和理解之间的诸多可能性。

好的诗歌往往是在揭示自在物的同时将诗人经年

的感受一点一滴地渗漏和呈现。在雨後的诗歌中，抒情既不是目的，也不是一种既定的经验传达，而是与一个黑暗中的知音进行的一场灵魂交流。

是以为序。

周宏鸿
2020/5/11

目　录

这首诗从微信启程 ∣ 1

迷路的人才会与我相逢 ∣ 2

野花 ∣ 3

东瀛拾零 ∣ 4

感谢你的飞翔 ∣ 6

天空静待着一声惊雷 ∣ 7

午夜的末班车 ∣ 8

夕阳不是终点站 ∣ 9

孤独 ∣ 10

怀念 ∣ 11

回忆 ∣ 12

记忆，是一座小小的村庄 ∣ 13

死亡只是个句号而已 | 14

要像我这样地爱你 | 15

所有的风景从不生病 | 16

寂寞彷徨的时刻 | 18

今晚无星无月 | 19

眼泪 | 20

咖啡馆 | 21

梦里的幸福 | 22

秋 | 24

下雪的时刻 | 25

花落余香 | 26

那一刻,幸福很小 | 27

那一瞬间 | 28

还我一身冰霜 | 29

黎明和黑夜 | 30

你走过 | 31

夏天无需成熟 | 32

你和我 | 34

祈福 | 35

我只想留下些思念 | 36

那一年 | 37

一切暂别的 | 38

山乡组诗 | 40

人生最美的两件事 | 47

受伤的昨天 | 48

旅途 | 50

活着 | 51

日暮时还爱我的人 | 52

薄暮时分 | 53

一瓶美酒即将喝空 | 54

如果你来访 | 55

如果有一天 | 56

生命 | 57

时间和空间 | 58

逝去的北风 | 60

生命的旋律 | 61

随想 | 62

天上只有一个太阳 | 64

我们都老了 | 65

我的诗歌是一只麻雀 | 66

六月的大雪 | 67

天色蒙蒙亮 | 68

靠健忘活着的人 | 70

海上的小船 | 72

严冬终会过去 | 74

久违的眼泪 | 76

天空还残留着星光 | 78

我再次端起饭碗时 | 79

人生暂时的敌人 | 80

下雪 | 81

相聚的一刻 | 82

献辞 | 84

夜晚想起失败的敌人 | 86

一个人静静的下午 | 87

我为你背叛了整个世界 | 88

重游昆明湖 | 89

背影 | 90

梦中囚者 | 91

皮鞭和镣铐 | 92

在苍穹无边的画框里 | 96

恍如隔世的童话 | 98

这季节想念一束野花太奢侈了 | 100

这里是又一个冬季 | 102

但求你不要改名 | 103

只有在你哭的时候 | 104

总会有那么一天 | 105

自从有了手机、短信和微信 | 106

走出你的白桦林 | 108

你的名字 | 109

给我一场暴风骤雨 | 110

咖啡馆记事 | 112

我将虔诚地默默领受 | 114

悄然翻开被遗忘的风景 | 115

盼着 | 116

每一个微笑的背后 | 117

泥土 | 118

后记 | 119

这首诗从微信启程

误以为是一场迷失
却不知沧海桑田后还有重逢
活着——就是为了等待如约而至
人生不断走失的路程
穿越了千山万水临渊而立
看到的是一轮从不辜负的落日

被遗忘的小草仍在低语
彩蝶依旧无踪地翩飞
一只老狗枕着晚霞打盹
这首诗从微信启程
远征在蜘蛛网般的电缆丛林
对另一部手机从不失约

迷路的人才会与我相逢

我的少年是崖上无名的野花
迷路的人才会与我相逢
采摘吧,挂在胸前,编一对耳环
我不加掩饰的芬芳将溢满你的小径

我的青春是一叶含羞的小草
被你的手一碰旋即休眠
放弃吧,别带我去你的温室
让我独自仰望夜幕上灿烂的繁星

如今我是一堵水迹斑驳的白墙
在夕阳里幻化着彩梦
你若想重温那遥远的邂逅
我便从墙角开出一朵陪你迷倒众生

野花

一朵野花的眼里

除了偶遇,没有敌人

风是诚恳的音乐

我是你可靠的泥尘

正午太阳的牢笼

无法把我囚禁

却用火焰烧弯你的脖颈

直到傍晚你复活

月亮掀开面纱时你才肯睡去

但或许明天不久

你将被一只手吊销了户籍

和我一样

幸运地不再被人提起

东瀛拾零

三月迟了

北海道——你躺在远方的雪国

刚刚褪去圣洁的篷裳

三月亦早

皇宫护城河外的樱花不开

万千蓓蕾静待四月的一阵雨声

有银座献媚于今晚霓虹灯之夜

有异国的情思在街隅彷徨

有新一条高铁正切腹般划破东京

盘九曲山路

吃一个温泉煮蛋

可如富士胶卷从富士山光荣退役

请名古屋城堡的幽灵于夕阳里卸甲
一饮谈判桌上的山泉
或能浇灭他心头古老的仇火

哦,箱根!我东飞的梦里有樱花争春
当木屐于地板敲响千年时钟的寂寞
我听见唐代奈良招提寺内的偈音

举杯吧,迟早都要醉的
就让我迷失在你今晚东瀛的古国
明晨插翅,回眸时该有一朵樱花开了

感谢你的飞翔

爱你,是一生中

最美的时光

我将它慢慢地啜饮

我的心空

留下过你幽蓝的一瞥

如今,又染上玫瑰的霞色

能清醒地活在梦中

每一分一秒

都是我全部的身价

感谢你的飞翔

划过的伤痕也美丽

最后,我会将这一切

连同你的眼泪也一饮而尽

天空静待着一声惊雷

如果太阳听见过夜曲
想念就会长大
芸芸众生,遇见
不仅因为道路
全赖直觉选对了方向
看你我脸上的皱纹
和那悄然升起的白发
都是时间的乐音
我已掸去琴上的落灰
你为它也换了新弦
天空静待着一声惊雷
让雨点的手鼓
敲响在我俩的眉宇间

午夜的末班车

牛仔裤和西装在说笑
钢琴与吉他演奏
喝红酒的人
把信天游哼出了玫瑰色
我意识到自己的欠缺
推门离开了寂寞
一个自由的失败者
心灵的角落
总有两三知己
而生命的起跑线上
人人仍在
争先恐后地
钻进一场既定的结局
我生来怕挤怕热
夜深之前
我选择了午夜的末班车

夕阳不是终点站

人生路上的风景

我用心灵采集

狂风巨浪

不是世界末日

春江水暖

亦非天地伊始

沿途的站名

都好听——

晨曦和晴日

余霞与晚星

夕阳不是终点站

夜深人静

还有明月与我来相亲

孤独

驶过了惊涛骇浪
再不惧满眼的废墟
路,究竟多长
都无碍心灵因寻找而飞翔
人间尘缘,孤独
还是那条生生不息的清流
太阳不能把我照亮
因而避开了昼间的欢乐
打开昏灯,拉上窗帘
我生怕有莫名的哀伤到访
诗,就在远方
我的灵魂才甘愿流浪
每一次病中苏醒
夜幕上的星辰熠熠生辉
大海在天边歌唱

怀念

仿佛一阵风沙后的残堡
所有的石头不再温暖
吊灯上沾满了灰尘
家具被白布覆盖
端详又端详——
那逐渐陌生的往事
从一阵乐音中慢步走近
肃穆且低垂着头
接着,又飘入另一空间
默想已不属于自己的东西
愿其须臾间插翅飞还
却常伴着一声叹息
和风干的眼泪又一次退出

回忆

面对夕阳,我会自言自语
夜阑人静时,我与月亮谈心
那曾经洒满一地的阳光
已被我无辜地废弃
天空却总是多云转阴
但我与孤独签下了长约
一个人静静看着窗外
不再悲青春已逝
而是用回忆把幸福珍藏

记忆,是一座小小的村庄

无论我行至何方
都走不出记忆的围栏
我不挣脱,冷眼瞄着世界
即使风暴盗走了一切
也夺不去我的灵魂
一次次隔窗听雨
便懂得了雾中看花
我在疗伤中终与晚霞相爱
比起童年时狂恋朝阳毫不逊色
记忆,是一座小小的村庄
磨难越多它越破旧
破旧得让人不忍离去

死亡只是个句号而已

我不追求浑噩的幸福——题记

远方一直在向我招手

道路却充满了泥泞

一个人想逃出记忆的森林

泥沼和野兽

却一次次把我赶回了原乡

对于一个精神饿汉

死亡只是个句号而已

我走遍了山山水水

发现大千世界

因为诱惑才变得披头散发

故乡不再是我少年时的样子了

只有松柏和蜡梅

还在等一场飞雪的到来

要像我这样地爱你

我不送一捧玫瑰使你欢欣
也不将一簇野花
放在身后带给你惊喜
在你忧郁的时候
我指给你一条小路
爬上那座长满野花的山坡
任它的幽芳把心灵洗涤
但——不要采摘
要像我这样地爱你

所有的风景从不生病
——致刘芳

你从一所房子走向原野
每一步都接近天空
眼前的风景
都向你微笑着感谢

你的眼眸
闪烁着热情的火焰
在你的描绘中
人生终有了少许的宁静

像降临的婴儿睁开了双眼
保持它最初的好奇
你将用一支画笔统治世界
心灵则像自由的繁星

但你再次回到那所房子时
记忆的红尘会把你迷惑
仿佛一副副镣铐将你紧锁
夜幕更像一所监狱

记忆总是把人心反复医治
就像医生开出的药方
而所有的风景从不生病
河流和原野永远向你招手

寂寞彷徨的时刻

内心的爱

会听见钟表的摆动

在曾经的悲欢中

下午的阳光

依旧静静地把你照耀

你则不由得抬头望向远方

岁月的记忆开始爬坡

被试探的风景一幕幕掠过

只是没人敢保证

路上还会有悬崖峭壁

但是启程吧,开足马力

你有心中的爱就已足够了

今晚无星无月

今晚无星无月
心则是亮的
你要来
喜悦便升上了夜空
天幕虽暗
却是曾经盼望过的未来
很久以前,你已像
青草在我的时空之外
恣意地生长
忽然悲伤走出了时间
空间住进了一个人
才深信生命确有前生和来世
并渐谙幸福似水
今晚无星无月
便于往事流向远方

眼泪

每一次哭泣
都像在告别往事
那一刻,需要音乐
琴师却断了弦
停顿的眼泪
在等待更深的哀痛
仿佛秋叶
在风中把自我完善

咖啡馆

所有的事都由这一杯咖啡引起
现在、过去以及未来的
仿佛昨天的客人留下了话题

那些一度死亡的事物在这里复活
那曾经的憧憬像攀越高山令人仰慕
啊,说到眼前,免不了一声叹息

爱和恨所牵连的一切从这间小屋内
伸展到原野、河流、落叶和飞雪
倾诉时絮叨又重复,彼此就像一个人

梦里的幸福

你走了
我才留意到这些风景——
桥下流水的歌唱
山上一株小树
以及半坡上无名的野花

你不再回头
我才想起这些景致
该出一本影集
往事
足以写一部小说

可梦见你时
所有的景致蓦然退出
雨中你没撑伞

而你那件旧布衫分外夺目
哦,梦里的幸福不惧雷鸣电闪

秋

大雁南飞

留下落叶的声响

一条小径

领我去桥头

你在梦里

回到了故乡

却不见有人张望

纵使你飞奔

已追不上

秋天的忧伤

下雪的时刻

下雪了,没有鸟儿的啼鸣
河水也不再歌唱
你走过的,那破损的石阶
已被覆盖。这时刻
所有的眼眸凝望又凝望
仿佛一座青山的剪影把人召唤
转瞬,街上的汽车竟毁了这一切
天空吐出了光——
那是人类曾向往的,而现在
需要一杯咖啡的回忆
在一所房子里,一股热气中
发现生命的漂泊与更替

花落余香

落花流水

艳美外是贪念

花若有知

便不肯再开了

人死后

留不住所得

花落余香

有流水的声响……

那一刻,幸福很小

多少支蜡烛

让黑夜在颤抖中挣扎

多少个白昼

浪费了奢侈的阳光

向习惯投降的人没有输赢

天地间却有一道风景

让你坚信,所有的跋涉

都是为了它——

那一刻,幸福很小

小到你闭目

将它贴在胸口,捧在手心

那一瞬间

初见你时
就像一辈子
现在看你
还是那一瞬间

还我一身冰霜

哭够了的时候,
拿出镜子
除了一双红肿的眼睛
世界安然无恙
悲痛中的一场阵雨
使土地肥沃
庄稼成长
花朵艳丽地开放

还我眼泪
还我一身冰霜
还我幸福以外的伤痛
还我昏暗的灯光
我把这一切
抛到云外,丢进无边的海洋

黎明和黑夜

即使你窗前的柳枝犹豫不决
也要坚信它是季节的象征
一个人站在星空下
仿佛迷失在无边的林海
前生的约定从未到来
一样的思念
却有着隔世的差别
黎明和黑夜同在你枕边
睡梦还是现实
无论你选择了哪一个站口
都会有阳光和风暴
重要的并非花儿开了又谢
而是带着伤痛走出你的季节

你走过

一叶轻飞

你走过

牵来了金秋

门——虚掩着

窗开着

音乐等着风吹

秋光

无需被问候

不用修辞和标点

天空

已有你

深深的凝眸

夏天无需成熟

写一首
让你一辈子爱我的诗
不能写花开花谢,潮涨潮落
你会在季节的望眼里贻误了青春

写一首
让你一辈子爱我的诗
不能写云起云消,雷鸣电闪
你会在风雨中折断翅膀

对于一枝开在山野的花朵
我的眼眸
曾映着你流转的春光
你的升起使春天牢不可破

你在,夏天便无需成熟

我的诗也不必悲秋

你和我

你是音乐
我是旋律中的鼓点儿
你是诗歌
我是句中的每一次心跳
你是秋天
我是那黄金的摇曳
你不是北风啊
我也要落叶在冬天

祈福

请把每一天都当作生活末日
听一听墙上的时钟
如何让岁月在滴答声中飞驰
请端详各自脸上的皱纹
珍藏着多少崎岖不平的道路
请摩挲各自升起的白发
就像太阳滚过的寂寞黄昏
请对夕阳道出你幼稚的过失
并在月光下双手合十
祈福明天又一个生活末日

我只想留下些思念

你去年寄来的礼物还未拆封
那墙上的时钟走得太快
今晨,台灯前的一只空酒杯
与你的礼物呼应成一幅画
假若你因想念而提笔
尽可写上我的大名
你会在每一笔的顿挫间
洞见我的身影
我也会在某个角落
感受到你呼唤的温度
世界在一路翻新却永无倦意
我们的衣物,却是
母亲生前在灯下缝制的
不需要打扮,不再有惊喜
我只想留下些思念……

那一年

那一年,我诗歌的雨水
不经意浇灌了你窗前的花朵
那一年,你做客时
眸中还留着一道彩虹
像是从古老森林里派来的援军
我手捧山泉洗净长年的忧伤
并带上诗稿,漏夜移居到
你一双风轻云淡的眼中
从此,你用月光回赠我的眠梦
我星星般的诗歌在你的屋顶眨眼

一切暂别的

一转身,已千山万水
一转念,物是人非
炼狱里依旧仰望着星空
那神秘的深渊、悬崖峭壁
一棵枯树上有电闪雷鸣
一张面孔下有大海的呼啸
我,一个凡人
如何才能随遇而安
每逢扫墓归来
就发现活得荒唐、辜负
一颗心欲奔赴天堂
不知要穿越多少星辰大海
即使你胸中承载着宇宙
也难免错过
一朵野花的开败

哦,一切暂别的也将永逝

而我们每每念及

总是颔首会心地一笑

山乡组诗

一

康庄大道上早已挤满了人

一个个争先恐后

我选择了一条

崎岖且荆棘丛生的古道

沿着歌声,我来到

河边饮马时看见了你

你弯腰捧起山泉

两匹马互诉着一路的见闻

这山岭虽然寂寞无边

我却是个羞涩的人

我们微笑着点头而过

待你远去时

我唱起一支山歌

并听见峡谷中

传来了渺渺的回声……

二

请赠我你眼眸里那盎然的诗意

赠我你心底暗藏的欢愉

让它无拘无束地奔涌而出

使我的诗歌

因你真切的情感而重现往日的风华

三

你的美在枝头开花

你的成熟在夏日结果

你对生活的感悟

像深秋的落叶发出声响

就是在这个季节

一阵秋风

忽然舞动了我的白发

多少次扬帆起航

我站在船头乘风破浪

多少次风雨兼程

我漏夜奔往异域他乡

却忘了还有一道风景：

你在我身后悄然升起了炊烟

四

朝朝暮暮，岁岁年年

我为守护自己的灵魂在写作

除了诗歌，我一无所有

但是朋友，倘若有一天

你来到我的门前求助

我将手捧山泉为你解渴

送上我仅有的口粮为你充饥

当你离去

我的心灵又添了一笔财富

五

我不想改变世界

更从不忍心改变它

麦子已收割，高粱也红透了

我坐在田埂上给你写信

我说,这儿一切都好

不必挂牵。我和一只老狗

两头老牛还有一匹老马做了朋友

它们虽不谙表达却善解人意

与我心心相印

这里的一切一切

都在我渐渐衰老的一双瞳眸中日久

弥新

六

春天生气勃勃

正是我们相约的季节

可是,我所剩无几

为了你的到来,我变卖了

那把曾为你演奏过

许多支乐曲的小提琴

并买了瓶好酒,烧上了柴火

今晚,我要为你接风洗尘

至于我那久远的琴音

早已悠扬在天空的一隅

哦,朋友,快来吧!

我千里之外的想念日日长青

就像门前的这棵松树

今晚,我的门为你敞开

直到晨星寥落……

七

你已翻越了多少山岭?

又跨过了多少河流?

那些开满迎春花的羊肠小道

是你的必经之路

该有一匹马陪你前行

我和一只老狗在门前把你等待

命运赋予我永远的希冀

也赋予你跋山涉水的勇气与决心

正如太阳选择了白昼

月亮选择了夜晚

我屋里的这盏油灯

选择了一整夜的孤独

八

仅为一季盛开的花朵

要用尽三季的眠梦

我庆幸你曾来到这村庄

我庆幸你走后

依然长驻在我的心上

你若是最后的一缕晚霞

正值炊烟袅袅

整个村子盖上了一层轻纱

油灯下我的琴声

将伴随你童话般的脚步

再次轻轻地走来

九

没有同一束阳光照耀着同一条道路

就像没有同一朵舞姿的浪花

在无边的大海上飞扬

梦想的地方,即使翻山越岭

跨过激流险滩也无法抵达时

受尽苦难的灵魂仍与它形影不离

十

我的追求很小,小到无人问津

而我的表达却从不放肆

我的欢乐还没有充足的理由

我的爱有时像高原上沉睡的白雪

有时又像壶口的黄河汹涌澎湃

我期待着与你相遇

无论白昼或夜晚

我独自战战兢兢地守候

不露声色地祈盼

不为别的

只为当你察觉我时

让那迟暮的爱奔向遥远的星群

人生最美的两件事

窗外的残月
寒冬里阴冷的风
病愈后
一个人疲惫地躺着
这一刻
没人来打扰我
药片摆放在昏暗的床头
想念涌进明亮的心口
灵魂,一旦拥有了花朵
便不再向往原野了
而现在,我幸福地病着
人生最美的两件事
我都拥有——
想念和被想念

受伤的昨天

和一个灵魂相遇
需要穿越无尽的时空
我唯一能做到的
就是用痛哭诉说经历
受伤的昨天波纹般展开
趁明天还未到来
我给生活一个疲惫的微笑
然后,继续幸福地等待
我天生的悲伤认得你
白天还是夜晚
你脸颊上那未干的泪痕
都是对我灵魂的深深慰藉
我不安的孤独
渐次消瘦在生命长廊的尽头
如果有一整天的晴日

就会让我怀疑是风暴的背叛

我对盲人致敬

向一块石头鞠躬

我的歌喉

始终哼着尚未命名的曲调

即使春天生病的样子

也比不上深秋时我真诚的忧伤

逝去的并非情愿

重逢总有风的影子

不悲不喜

我端视一朵带雨的梨花

让它走进我的灵魂百转千回

旅途

苦难——

荒山里的乱石块

踏着你走出我的路

荆棘——

警醒着我的困顿

不要让我在迷途中死亡

坟岗生出的花草

在为逝者命名

这是我必经之路

一只失群的鸟在前方坠落

我赶到时

已开出了一朵野花

宇宙展现着它的奇迹

我的钥匙

在寻找锁孔内保留的微光

活着

每一次涌出的新泪

都会使悲伤成长

如山石的凝望

阳光则像常新的花朵

在房间的角落里每日盛开

被践踏的小草让我活着

受伤的鸟儿让我活着

餐桌上农人的血汗让我活着

雨水淋湿的约会

在激流的尽头展现大地

月光和灯塔

让我在波涛起伏的海上活着

日暮时还爱我的人

我的血脉和名字
已是下午四点钟的阳光
如同一间屋子
那壁纸上斑驳的痕迹
正被忽视和淡忘
而窗外,一切仍在更新

日暮时还爱我的人
是辉映在山腰的霞光
每天哼着同一首歌谣
我对倾慕的人
也会在心头道一声珍重
像一把不倦的吉他弹奏着……

薄暮时分

心情潮湿
眼见就要长出苔藓了
不祈求太阳
雨,是生活的谋篇
我的血液也曾热情奔涌
但夕阳快要落山
我也一天天静了下来
静得能听见
朋友们各自弹拨着心弦

一瓶美酒即将喝空

白昼刺眼

太阳燃烧着欲望

每到薄暮时分

就像又一个周末

夕阳拖着疲惫的身影

叮嘱星月给我幸福

想着两三知己

河流、原野都静了下来

一瓶美酒即将喝空

我却不再迷路

如果你来访

我的陋室从不装修
如果你来访
路上没设红绿灯
别开车,请溜达着来
并顺手在路旁
摘一朵象征你心情的花
我能识别花香
也能听见你的脚步声

门,是虚掩着的
灯光微亮
一支笔躺在纸上
把花插进预留的空瓶
然后静坐一隅
我尚未起身
你已来打扮我的心房了

如果有一天

如果有一天
战争爆发
水电粮食断了
网络也支离破碎
亲爱的,别慌!
忘掉记忆中的一切
打开我的诗集
朝着我指的方向奔跑
借星光闯过黑夜
我就在
许下的诺言处等你

生命

一花凋谢
伤了整个春天
盛夏到来
心头却落满了尘埃
蜘蛛结网
留下它快乐的歌声
春逝教人懂得
再吹来的风已不醉人
生命的一次性梦想
如体内日渐熄灭的火焰
而所有的名字和身影
遗忘或被提及的
总是在寒冷的冬季

时间和空间

我的诗歌不属于我
当你困惑时请尽情索取
我写诗绝非因为快乐
而是为了医治灵魂的哀伤
在一座无法逾越的高山面前
我向太阳下跪膜拜
回想起过往,我从没爱过自己
眼下也就无所谓原谅与否了
我讨厌人生像一场赶集
也许这正是我在世间痛苦的根源

但如果你就是这世界上
唯一的一切,一切的唯一
无论繁花似锦还是落叶狂风
我的诗歌都不再苍白无力

昼间的一切闭上眼就删除了
夜里的梦境一遇晨曦也就清空了
时间和空间都不是距离
无名无誉是退潮后沙滩上的珍珠
谁都会淡忘车窗前闪过的风景
而太阳也终将带走一个人的悲伤

逝去的北风

哦,原始的孤独
我等待父亲从北风里回家
哦,无助的翘望
我幼小的心灵,母亲在远方
年复一年冬如旧
而今,我也走在回家的路上
同样的大衣御同样的寒流
那逝去的北风忽然与我重逢
吹进了我的泪眼
温暖着另一个父亲的心房

生命的旋律

迷航时需要灯塔

需要北斗星

心中仅存的爱

终会在良久的守望中

穿越惊涛骇浪

不必回首

别指望重新启程

人已在征途

身后的一切如坟墓

生命的旋律是随波起伏

随想

我愿在一面水迹斑驳的白墙下
等着你前来相会,比起视频
和白昼忙碌的键盘问候
我的幸福无可言说
你是用蜡烛照明的人
相遇会使地久天长

我曾想孤身赴一场集市
假若那时你恰好解绳渡河
但愿我们在桥头相见
等潮水一一退尽
将彼此的心事看个水落石出

我身上有沉默许久的雷霆
当乌云密布,暴风雨即将到来

天空的闪电会告诉你

我的世界总孕育着危险的光明

太阳和月亮被我牵到檐下

墙上的水迹就是我的日日夜夜

凋零的花朵终会在枝头重现

我的爱也会随着太阳又一次升起

天上只有一个太阳

天上只有一个太阳

人间只有一个亲娘

天上只有一个月亮

我心中只有一个婆娘

夜幕上有无数的繁星

我婆娘有一双明亮的眼睛

她把白昼交给了太阳

一到夜晚,就把我的前路照亮

我们都老了

你我老了
死亡在门外匍匐着
早晨的阳光照进窗内
花叶上露水闪光
你佝偻的背影
让我想起了母亲
我爱她如昔,爱你如昨
请重拾你青春的怀想——
这房间是否也有过
那朦胧的父影
他面带微笑依顺着你
走过一道山一座桥
仿佛时间漫长的隧道

我的诗歌是一只麻雀

盼望诗歌就像等待春天一样
千花万朵,开了又谢
艳丽暂存于瞳眸
长留在心是它的芬芳

我的诗歌是一只麻雀
蓝天红尘下匆匆的过客
苍鹰盘旋在高空
我低飞着,唱自己快乐的歌

等待春天就像盼望诗歌一样
一字一句,千回百转
激情回旋于耳畔
长留在心是爱的余香

六月的大雪

无辜死去的冤魂啊
请你安息
今早的人间雨雪交加
你看见上天的眼泪了
你看见大地
为你铺开的洁白的葬礼了

无辜死去的冤魂啊
你为何还没安息
远方即将有一阵电闪雷鸣
惊破这阴暗的日子
天空飘洒着你的骨灰
六月的大雪已提前到来

天色蒙蒙亮

最黑暗的时刻
眼睛看不到的地方心能抵达
翅膀的伤口,靠时间愈合
终有一天,重飞在蓝天
眼泪已非孩童般软弱
温柔的岁月经不起推敲
如今我阅尽春秋斑斓
只为被黑夜掩盖的真理下跪
生命中即使一个凡人
也不甘堕落在深渊
内心偶尔生出对荒谬的厌恨
不值得用时光去纠缠
我仅以一个蔑视的眼神
就足以囚它在牢笼
最黑暗的日子就要过去

天色蒙蒙亮——
我的心已洞见它幽深的黎明

靠健忘活着的人

即使站在绝望的风景里
生命之美依旧让我热泪盈眶
　　　　　　——题记

一些名字藏在了灵底
有些尚能脱口而出
记忆之城
正被时间一点点腐蚀成沙漠

回想那青春的荒原
太阳在头顶裸奔
我们哭着笑着
一转身便来到人生的暮途

可每当我心血来潮

诗,便不再需要韵脚
句子就像疯长的野草
每一个词都是秋收的麦粒

我是一个靠健忘活着的人
年复一年,日复一日
逝去的曲终人散
那记住的,永远在眼前闪光

海上的小船

总以为生命还在原地踏步

其实,早被时间的风暴卷到了天涯

我像一具挂钟上的指针

在慢慢地转动中看着死亡晃动的身影

道路的尽头不过是一片废墟

我们却依旧寻找着一个共同的结局

而岁月留下的所有苦难的投影

都是为了摆正我的姿势

哦,想起生命——

一场无穷尽的旅途

欲望如雪花

飘得越多道路就愈加迷茫

一个人内心有太多深切的怀念

必是为弥补那被忽略了的美好而忏悔

对于一朵开在深谷幽香的小花

一株长在悬崖峭壁上的野草

寒冬里曚昽的日光足以把它们照亮

而于我,生活曾是一场病

仿佛死亡才能愈合我的伤痛

世界之梦在我的眼里像洪水成灾

我的味觉已经麻木

只想保证灵魂别发生意外

因为夏日的暴雨比那骄奢的春风

更容易摧毁内心的幸福

我这只海上的小船

不知穿越了多少惊涛骇浪

才停泊在一个无人确认的港湾

严冬终会过去

世界如此地惊慌失措

我真希望它只是梦中的一幕童话剧

但世人的眼中玫瑰在跳舞

却没人在乎它从不炫耀的芒刺

直到荒原的风沙扑面而来

才发现自己迷失了方向

一个健康的人即使生在荒野

他心灵的沃壤也会开出绮丽的花朵

一个天生善良的人

即使梦中背着受伤的敌人过河

梦醒时他的心仍觉得坦然

在浩瀚的宇宙里

誓言留不下任何的痕迹

最终的一切如孩童们消遣的游戏

我则相信大自然手中的天平

不再因得失而悲喜

严冬终会过去

严冬也会再次降临

久违的眼泪

几近两个月的囚禁
狱中的人都老了
毛发比言论更恣意地疯长着
在须发根处暴露出岁月的真相
微信的帖子直奔吉尼斯大全
那死亡的镣铐
仍在门外咣当咣当地数着日子,
眼下,一定有人
会想起远方无助的爱情
就像每天窗口的那几束阳光
极力想从阴暗的云层里脱颖而出
风,已有回暖的情绪了
人们含着久违的眼泪
忽然热爱起过去忽略的一切
而我的思想也跟着风起哄

幻想着自己是个国王
用镀金的钥匙打开了库房的大门
拯救一切无辜的受难者
包括那些曾辱骂过我的重症病人

天空还残留着星光

今年的严冬寒气逼人

风中颤抖的枯枝

像无数求救的手指伸向苍天

城头上的那点儿阳光

唤不醒候鸟的回归

疫情的消息则漫天飞扬

微信和视频狂如暴雨

而东西南北

用一场空前昂贵的眼泪

汇集到江河湖海直奔九天

深夜一点钟以后

天空还残留着星光

而我已被遗忘

在偌大监狱里的某个角落

独自躺下,梦见了春天

灵魂却像一只飞倦了的蝴蝶

我再次端起饭碗时

这是我在人间

听到过最悲凉的嘶喊

就像荒山野岭中

一只失群的羔羊的叫声

又仿佛河岸上

一条搁浅的鱼在翻腾

微弱的信号打不开天门

了了！了了！

决绝地纵身一跃

空了！空了！

拒绝了尘世间一切的苦难

我再次端起饭碗时

每一粒米

都压得我直不起身来

人生暂时的敌人

人生暂时的敌人

即便拼得你死我活

终会在生命的拐角处相遇

松开曾经紧握的拳头

忽然间,全世界就在你我心中

请珍惜危难中的友谊吧

让它在暴风雨过后,划出

一道跨界的彩虹

没有天空海洋

我的思想无处飞翔

没有乌云和闪电

我的精神不能在黑暗中发光

一座座高山

背负着无数个落日而无悔

我既能原谅了敌人

也将无惧这危险的春天

下雪

下雪了,凡事皆空
上天织一身绒衫使大地圣洁
此刻,一个人望向窗外
能想起的事物都美好
连敌人刺痛的伤口也愈合

下雪了,心不再流浪
白茫茫的世界
一朵玫瑰分外耀眼
仿佛圣诞的钟声
提前敲响在灵魂深处

相聚的一刻

门外的疫情

几乎让生命走向了尽头

生活却从没停下脚步

越是真诚的思念

时间越显得漫长

相比那世俗的喧嚣

我宁可选择斗室里的寂寞

今日久违的蓝天

是一面珍贵的镜子

我站在它面前

不是为着观照自身

而是看看隔离后我的脸上

留下了多少想念的皱纹

哦,谁愿让友情隔窗相望

即便是千年的积雪

也总有汇成江河的一天
分别的日子，天色
还停留在那欢乐的傍晚
相聚的一刻
我会在蓝天白云间
添一个太阳把人心温暖

献辞

主啊！自从我心中拥有了你的恩爱
任凭晴天还是雨季
无论是驿站还是终点
你的光芒始终把我的心城照亮

主啊！大海用蔚蓝的眼睛望着我
山川用盛开的鲜花打扮我
你的每一句话令我幸福愉悦
你稍加停顿时的逗号我也能会意

主啊！不幸的体验已成为过去
那深深的悲伤不会留给今天
我不再失眠，日间有我心中所爱
夜晚入睡时有我盼望的梦乡

主啊!你时刻存于我真实的感觉之中
让我不断地爱人,爱远方,爱眼前的一切

夜晚想起失败的敌人

我悲而不泣
哭就哭出一座山一道河来
我从不胁肩谄笑
笑就笑成一股清风万朵云彩
我愤而不言,对强权
却蔑视着一道带响的皮鞭
但我温柔善良
夜晚想起失败的敌人
我会到他的坟上点一支香

一个人静静的下午

风信子终于开花了

粉红色衬着窗外的蓝天

一个人静静的下午

野蔷薇还在路旁沉睡

从书架上取出诗集

读着读着,房间有些暗了

西天的云也红了

顺手掐一瓣花做书签

然后,闭目想象

一只雄鹰在高原盘旋

一匹骏马脱缰

一轮明月和一位诗人……

我为你背叛了整个世界

我用什么才能把你紧搂
梦里的相聚!
我用什么才能把你铭记
人生的别离!
玫瑰在酒精的燃烧中凋零
你来与否
都是一场风雨
我为你背叛了整个世界
你随我的诗句已走遍海角天涯

重游昆明湖

仿佛捡起一把
落灰的琵琶
我们将旧曲弹拨
以往那欢愉的时光
渐渐生出了锈斑
此刻,则需静下来
静到我们的心谷
传来一阵宫廷的乐音
箫声飘过湖面
月下有袅袅的哀情

背影

独自走在初夏的黄昏
似曾相识的偶遇
忽有一瞥惊诧的眼神
如玫瑰跌进泥土的气息

一片浮云
将被晚风吹散在西天
一个背影
在暮色临近时隐去……

梦中囚者

在梦里,虚妄又真实的梦里

我跟你隔着千山万水

隔着一叶扁舟在海上的漂泊

隔着一只兔子

在荒原上被猎杀的危险

白昼的喧嚣已经落幕

梦中又如此不堪

我还能逃跑吗?要逃

就逃到灵魂的天涯海角

因为再卑鄙的人

也无法囚禁雨后的彩虹

春天令人心跳并非万紫千红

而是你刚刚熬过了严冬

而我——

一个梦中囚者

已从无数的黑夜中一次次觉醒

皮鞭和镣铐

皮鞭、镣铐

在日落前已疲惫不堪

暴风雨暂时过去了

天空出现的一道彩虹

又将一瞬间幻灭

我在大地上碌碌无为

对白昼毫不知情

月光洗涤我身上的血迹

使我想起那些头脑发达的人

学舌时竟能一字不落

我所渴望的一束光亮

不再是骄傲的太阳

照进铁栅栏里的月光

也不会使我的眼睛更明亮
我的人生——
全靠灵魂去洞察

当我爬上了山顶
就发现自己微不足道
悬崖上各种野花开败有序
我想起一头老牛的宿命
一群绵羊的结局
以及候鸟们自觉地迁徙

我曾误解了太阳
以为热情地宣泄就是辉煌
成人后才发现
太阳无欲无求也无头衔
却始终照耀着大地
而我渺小到无法听见
自己降生时的第一声啼哭
因此，我没有理由高歌

在欲望的火焰中

我听到了痛苦的尖叫

在浩渺的大海上

我感受到无边的漂泊

蓝天下一只雄鹰的俯冲

一群兔子的奔逃

惊飞了仙境中的闲云野鹤

我并没生错时代

全因我的渺小才深信神祇

我生命的答卷

离造物主的初心太远太远

世界不需要颂扬

相互的一次点头微笑

就足以偿还人类所有的功绩

皮鞭和镣铐

在天亮时还要启程

而我已昏昏欲睡

想起生命中的欢乐与自由

独自望向窗外

心头一阵急促的电闪雷鸣

在苍穹无边的画框里

最困惑的泪奔因百感交集
不经意的叹息是挣扎后的无力
你的少年是陌上无名的野花
生错了时空才与我相遇

碰撞的火花是那不死的妄想
你不知黑夜多么地漫长
你不知妄想破灭后的余烬冷清
浮动的暗香全力挽留仍将消散殆尽

而时光永恒，尘世间所有的繁华
都难比一朵自由开放的野花
悬崖峭壁上的一切荣耀
永不及夜幕上熠熠的星辉

在苍穹无边的画框里

在生命终将被遗忘的地方

蝴蝶双双抖动着翅膀

一树繁花,被无情地吹落

恍如隔世的童话

就像个失败者

我已习惯在黑暗中等待

太阳劝我扬弃孤独

但我对欢乐却时刻提防着

仿佛一次大笑

心灵就会被荒野的狼群叼走

沉默和孤独

是我在人间生存的法典

人生有如一次疗伤的航行

我却是个毫无谋略的旅人

从不问路程的远近与凶吉

名誉用嘴唇试探过我

地位用扩张的涟漪晕眩过我

但当我被巨浪冲醒

就像一名沉船的水手

在天际寻找着白帆的踪影

一阵海风吹过

恍如隔世的童话

铅华洗尽

风浪里的一只小船

有永远无法寄出的情怀

这季节想念一束野花太奢侈了

床头只需一束野花就可把我带回秋天
那个秋天,我和你一起走过
直到我今天的病榻

往来的书信还密存在抽屉里
荣誉与耻辱已经模糊
我的病榻,现在只需一束野花

幻想你踏着落叶走来
小河像你身后飘落的头巾
更像春天遗留给暮秋的一道伤痕

我的诗一向借秋风寄给你
只要你深秋小立
便知树叶正和我的病痛一齐颤抖

这季节想念一束野花太奢侈了
隆冬，我的床头有一位天使
我把她看成是飞雪描绘你的模样

这里是又一个冬季

这里已是冬季
树上还残留着秋天的金黄
你坐过的那把长椅
还闲置在落叶中不肯离去

我们反复阅读过别离
也学会了在黑暗中流泪
不再是那盛夏倾泻的雨水
隐隐地,如饱含雷声的天空

咖啡室里蒸汽般的记忆
将被往来的一代代人抹去
这里是又一个冬季
而我们已习惯给春天写信

但求你不要改名

佛说：前世五百次回眸
才换来今生的一次擦肩而过
我，一介凡人
笃信来生，故以不悲不喜
看日出日落，云起云飞
闭上眼，便分不清
谁在做梦谁还未入眠
即使你把玫瑰换了名称
它仍在我的心中散发着芬芳
人间的每一次别离
都像短暂的死亡
眼泪和叹息
哪一样不出自尘埃
但求你不要改名
好让我在天堂的呼唤有个回音

只有在你哭的时候

只有在你哭的时候

我才觉得我错了

而且是大错特错

因为当你展现笑容时

是我常常放弃了某种原则

但这无可指摘

因为我们相爱时

并没讨论过什么是真理

一个人既然发誓说

爱是奉献给予

那就意味着勇敢地失去

我甚至在梦中

期待着你的缺点发出光亮

渴望着你的脾气能长出翅膀

顺着这道光亮

飞回我们美丽的童年

总会有那么一天

总会有那么一天

理解了秋叶的无辜

便原谅了它被吹落的呻吟

总会有那么一刻

理解了站在悬崖上的人

便原谅了深渊的拥抱

再精美的古董也是从泥土中来

终归要还于尘埃

再自由的野花

也不要等日落才想起俯拾

那些花——

插在胸前和戴在耳边的

我们却怎么也叫不出它的名字

自从有了手机、短信和微信

十二月的冬雪还未降临
树上还有些残叶如我这般等待
一片圣洁早已被去年的车轮碾碎
十二月的冬雪还未降临

城市不再有一片空地
仿佛淘气的婴孩摆放的零乱积木
我们在各自的角落里寻找失落
城市不再有一片空地

我曾在清晨小跑着接赶你的传呼
在一片雪地里留下了两行脚印
——那急促而美妙的图案
我曾在清晨小跑着接赶你的传呼

自从有了手机、短信和微信
那一片圣洁又重回眼前
或许你早已忘记我的喘息
自从有了手机、短信和微信

走出你的白桦林

走出你的白桦林
走出深秋金黄的忧郁
走出每一片树叶的遮掩

环山的湖泊尚未结冰
小船还在岸边起伏不定
站在门前的人敞开着胸怀

远远地凝视如天上的星辰
等待一个久违的拥抱
像烈酒般烧红那片白桦林

你的名字

你的名字有天空的蔚蓝
染着晨晚的霞色
你的名字里风在舞蹈
我一念,就想展翅高飞

你的名字有雷电的焦虑
一场暴雨消散了你
彩虹下野花盛开
我一念,是勃勃的生机

给我一场暴风骤雨

你，头戴面纱不远不近
只要想起你
风，就是柔和的
水，就会展开涟漪
帘隙便透进一缕光亮
当我洁白如玉
像一株嫩芽在大地滋长时
却不知是你来自天地间的呵护
如今，我已成长
面颊上刻满了走过的道路
但我仍看不见你的容颜
一个人站在路的尽头
哭泣得就像深山里的婴儿
在阴云开合的闪电之中
给我一场暴风骤雨

那是你对我最温柔的解脱

在一枝寒梅的开放中

我成熟的心总有迟到的忧愁

就像晚霞被吹落在昨日的荒坡

风雨乍停,我的伞从未张开

到了初春,寒梅的余香还在心头

青丝已成白发,直至我在梦里

一次次跪倒在你的足下

你用慧眼洞见我满身的荆棘

你用无边的爱,赦免我的罪愆

咖啡馆记事

独坐咖啡馆看表时的心情
打手机唯恐惊扰你驾驶的心情
远远看见你疾步赶来的心情
许多年后,我的回忆
升起一股热带雨林的浓香
那时,室内的交谈嗡嗡如蚊蝇
每一个名字陌生而容颜可亲
座位逼仄,却又是难舍的

那种闲适,能温柔地抗击风暴
那一刻,即使抱恙也无察觉
那份松弛,只有六弦琴才能诠释
而现在,电熨斗已生锈
鞋履落满了尘埃,一个家庭
足可开一间旧式杂货店

但要留住一只精美的咖啡杯

便于唤醒遗忘,便于静静地回想

我将虔诚地默默领受

我将虔诚地默默领受

从宫殿走向废墟

从晨曦的欢愉回归暮晚的忧伤

孤独是寂寞唯一的路标

弃置于荒野的水井

依旧保持着清澈与自由

人在旅途中奔走

在浴火中涅槃重生

忧愁就像父母包办的婚姻

从没打算离开过我

年月破碎,它与我形影不离

在回收站一样的日子里

我所看到和听到的

都是上天寄来的一封长信

悄然翻开被遗忘的风景

不要怀疑,有人会转过脸

留下乌云间的一阵骤雨

不要怀疑,酒后还有眼泪的重逢。

一个人一旦站在山顶

就觉得渺小无助,下意识

想起自己的前生来世

心中的音乐,无论古今

都属于你。而花草

依旧疯长着,一只手

悄然翻开被遗忘的风景

车头掉转

奔向太阳初升的地方……

盼着

盼着明早有一缕阳光

从帘隙钻进来

人在床榻上

春在暖暖的心头

这样的早晨

不需要钻石和玫瑰

也不需要酒

时钟应该停摆

音乐也该稍息

这样的时刻

不想写诗

生命是每一次心跳

春从严冬里挣脱

你从房门走出

脚下是大自然的诗句

每一个微笑的背后

我眼里的世界仿佛就要崩塌
那曾设想的结局就要改变
天空忽然掉下来一个广告
砸伤了大地所有的奢望
从寒春的墓碑旁挣脱的野花
摇晃着冷风里季节的暗影
而我像一座石雕像欲哭无泪
心中的挂牵则风起云涌
啊,沙漠中的人需要泉水
我深夜的祷告渴望火炬和星光
每一次问候
都是为了夺回失去的土地
每一个微笑的背后
都藏着春天里一道明媚的忧伤

泥土

多快乐!
草长在我的身上
多浪漫!
花插进我的胸膛
多幸福啊!
你踏春在我的脊梁
风来了
我在天空飞扬
雨来了
我又归还大地
一把泥土
一粒尘埃
我是多么地自由自在!

后　记

　　如果将一本书的序言看作晨曦，后记就该是夜幕上的星辉了。

　　从日出到暮晚，从大海到苍穹，一次次文字的表达，都使我感到内心的充实和精神上的愉悦。冥冥之中，我像是一颗消散在太空的陨星，经过亿万年的幻化来到了地球，成为人世间一个生命体。我在人生旅途中的每一步果决或迟疑，都是被命运之神预先设定好的。用光了所有的喜怒哀乐，我终将要回到一粒尘埃中。此为命名《尘埃集》之缘由。

雨後记于北京寓所
2020/7/3

图书在版编目（CIP）数据

尘埃集/雨後著.--北京：华夏出版社有限公司，2020.10
ISBN 978-7-5080-9990-3

Ⅰ.①尘… Ⅱ.①雨… Ⅲ.①诗集－中国－当代 Ⅳ.①I227

中国版本图书馆CIP数据核字(2020)第140476号

尘埃集

作　　者	雨　後
责任编辑	刘雨潇
美术编辑	曲　欣　李媛格
责任印制	刘　洋
出版发行	华夏出版社有限公司
经　　销	新华书店
印　　刷	北京汇林印务有限公司
装　　订	北京汇林印务有限公司
版　　次	2020年10月北京第1版
	2020年10月北京第1次印刷
开　　本	880×1230　1/32
印　　张	4.25
字　　数	58千字
定　　价	39.00元

华夏出版社有限公司　地址:北京市东直门外香河园北里4号 邮编:100028
网址:www.hxph.com.cn　电话:(010)64663331(转)
若发现本版图书有印装质量问题，请与我社营销中心联系调换。